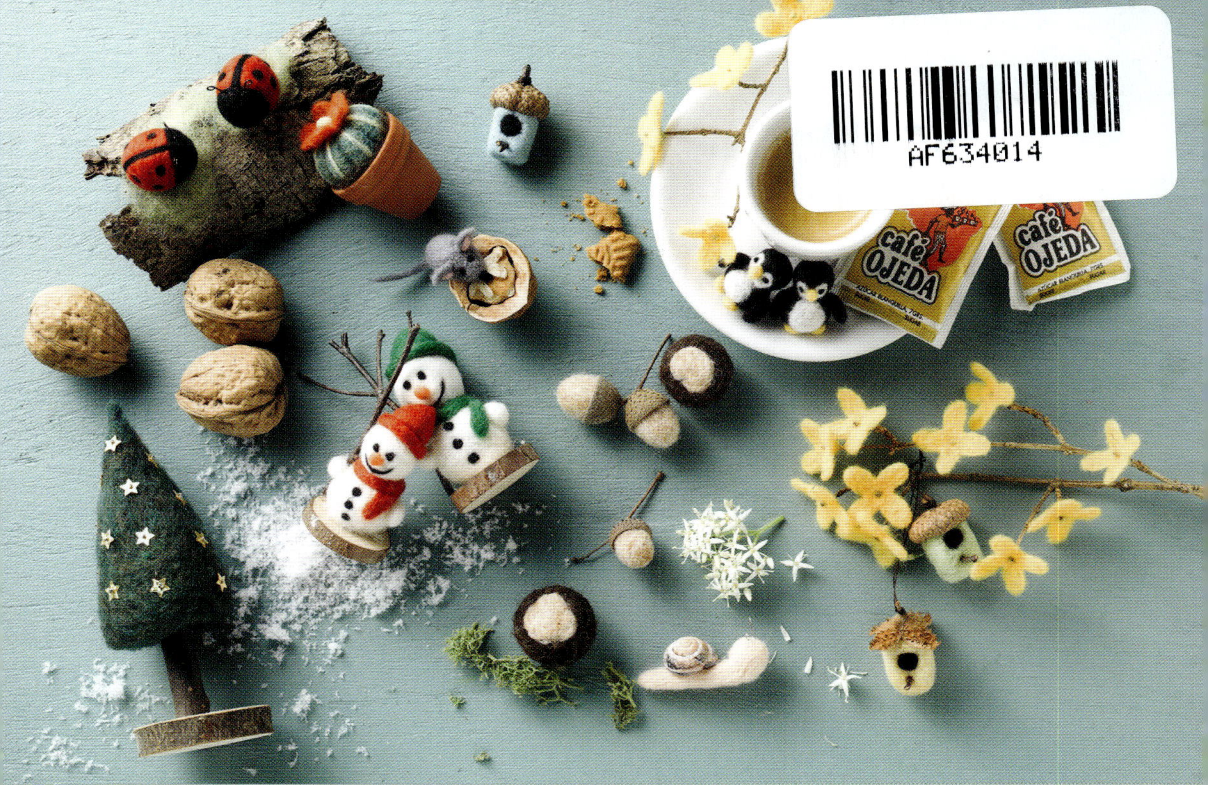

Dekorationen aus Naturmaterial wirken entspannend und sorgen für eine besondere Wohlfühlatmosphäre. Auch ich liebe diesen Trend und sammle bei meinen Spaziergängen kleine Eichelhütchen, besondere Steine oder Muscheln als Souvenir. Selbst beim Einkaufen wandern schöne Baumscheiben, ein kleiner Tontopf und hier oder dort ein ausgefallenes Stück Korkeichenrinde und natürlich Walnüsse wie von selbst in meinen Korb. Geht es Ihnen auch so? Zu Hause stellt sich dann die Frage: Was mache ich jetzt damit?

Mit einer Filznadel, etwas Filzwolle und den Anleitungen in diesem Buch zaubern Sie daraus herbstliche Eicheln und Pilze, eine winterliche Dekoration aus Tannenbäumchen und Schneemännern, frühlingshafte Vogelhäuschen und Forsythiensträuße oder Marienkäfer und blühende Kakteen für den Sommer. Niedliche Mäuse und Eichhörnchen tummeln sich auf Walnussschalen. Kleine Robben oder Pinguine beleben Muscheln und Steine.

Die Modelle sind einfach gehalten und mit wenig Material- und Zeitaufwand auch von Anfängern gut zu meistern. Ich wünsche Ihnen viel Spaß beim Filzen und viel Freude an Ihren selbstgestalteten Dekorationen.

Lydia Klös

Forsythienblüten

bringen den Frühling ins Haus

MODELLGRÖSSE
Blüte ø ca. 3 cm

MATERIAL
FÜR 10 BLÜTEN

- Filzwolle in Gelb, ca. 1,7 g
- Filzwollrest in Hellgrün
- kleine Forsythienzweige
- Moosgummi, 7 cm x 7 cm
- Transparentpapier
- Bleistift
- Schere
- Stecknadeln
- Ahle
- Alleskleber

VORLAGE

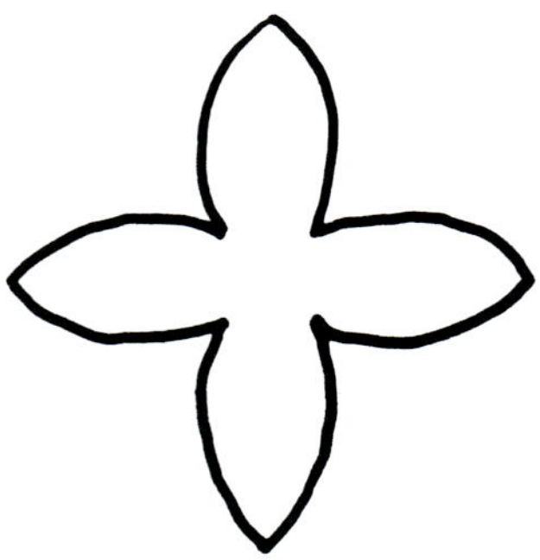

1 Fertigen Sie für die Blüten zunächst nach der Grundanleitung eine Schablone aus Moosgummi.

2 Die Schablone mit etwas gelber Filzwolle auslegen und eine Blüte filzen (siehe Grundanleitung). Diese aus der Schablone lösen und beide Seiten sowie die Konturen noch etwas nacharbeiten.

3 Rollen Sie aus hellgrüner Filzwolle eine 6 mm große Kugel und nadeln Sie diese mittig auf die Blütenunterseite. Auf der Blütenoberseite durch mehrmaliges Einstechen mit der Filznadel ein Loch arbeiten und die Blüte dabei etwas weiter formen.

4 Das Loch in der Blütenmitte mit der Ahle vergrößern und eine Zweigspitze hindurchstecken. Fixieren Sie die Blüte mit ein wenig Alleskleber auf dem Zweig. In gleicher Weise weitere Blüten fertigen und an den Zweigen befestigen.

5 Arbeiten Sie nach Belieben weitere Zweige mit Blüten und ordnen Sie diese zu einem Strauß an.

Mein Tipp für Sie

Zweigauswahl Es sieht besonders natürlich aus, wenn Sie stark verzweigte Forsythienzweige auswählen und die Zweigspitzen bei Bedarf etwas kürzen.

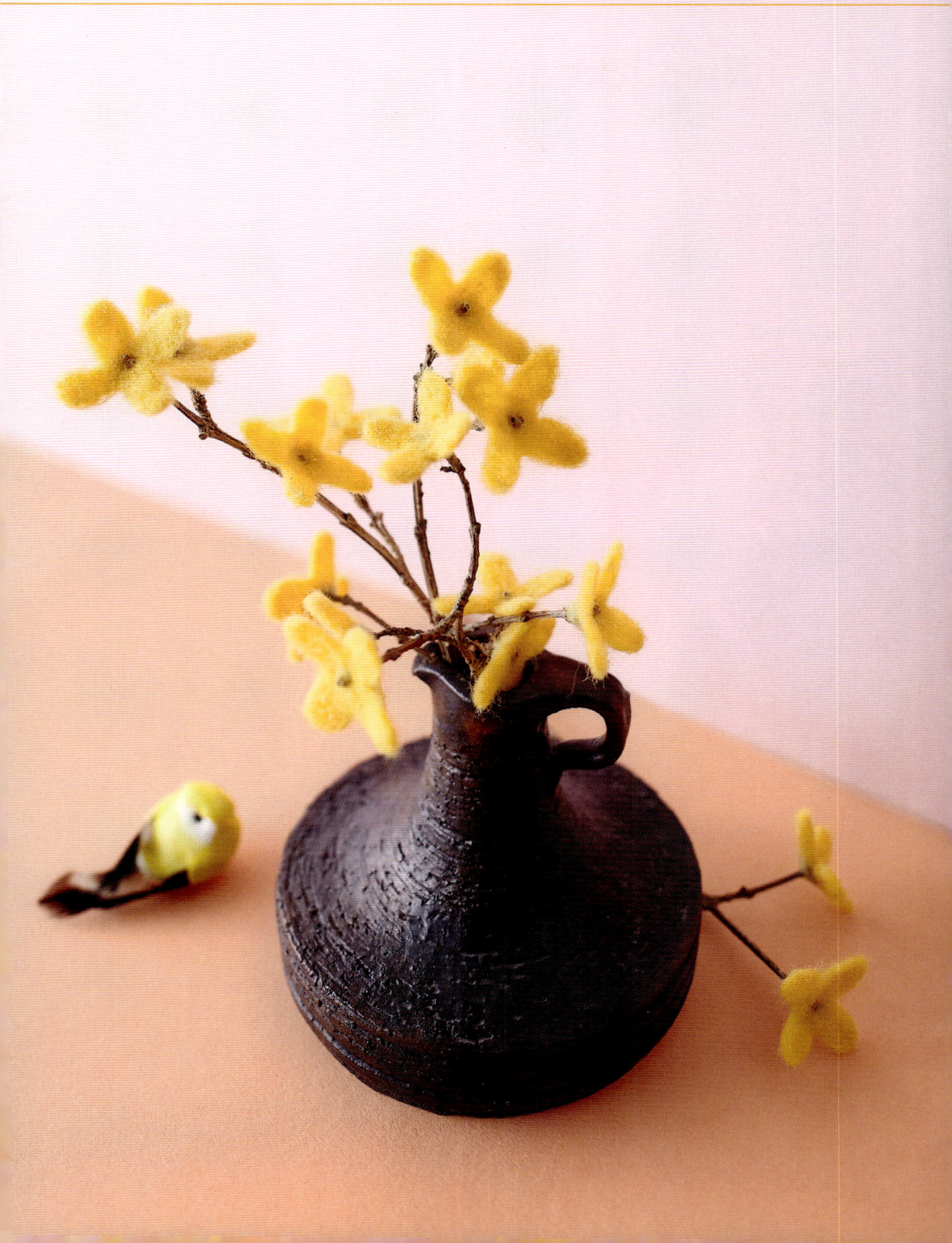

Niedliche Schäfchen

auf grüner Mooswiese

MODELLLÄNGE
Schäfchen ca. 3 cm

MATERIAL PRO SCHÄFCHEN

- Filzwolle in Weiß, ca. 0,55 g
- Filzwollrest in Hellbraun, Dunkelgrau oder Dunkelbraun
- Birkenholzscheibe, ø 10 cm
- Moos
- Alleskleber

1 Legen Sie ca. 0,5 g Filzwolle in Weiß zu einem Strang und verknoten Sie diesen in der Mitte (siehe Grundanleitung). Die Strangenden um den Knoten wickeln, bis die Kugel einen Durchmesser von ca. 3,5 cm aufweist. Filzen Sie nun für den Körper des Schäfchens eine Kugel und formen Sie daraus eine ca. 2,5 cm lange Olive (siehe Grundanleitung). Die Enden der Olive etwas abrunden.

2 Ca. 0,25 g Filzwolle in Hellbraun, Dunkelgrau oder Dunkelbraun zu einem Strang verknoten und zu einer ca. 2 cm großen Kugel wickeln. Arbeiten Sie daraus eine ca. 1,5 cm lange Olive und nadeln Sie diese als Kopf an den Körper.

3 Einen kleinen Strang Filzwolle in der Farbe des Kopfes aufwickeln und zur Hälfte zusammenklappen. Filzen Sie daraus ein ca. 1,5 cm langes Ohr. Das zweite Ohr genauso arbeiten und beide seitlich an den Kopf nadeln.

4 Verteilen Sie etwas weiße Filzwolle auf der Kopfober- und der Kopfrückseite zwischen den Ohren und filzen Sie diese dort an.

5 Aus etwas Filzwolle in der Farbe des Kopfes vier ca. 8 mm große Kugeln rollen und diese als Beine an die Körperunterseite nadeln.

6 Stellen Sie nach Belieben weitere Schäfchen mit gleicher oder unterschiedlicher Kopffarbe her. Dann zuerst etwas Moos und danach die Schäfchen auf die Birkenholzscheibe kleben.

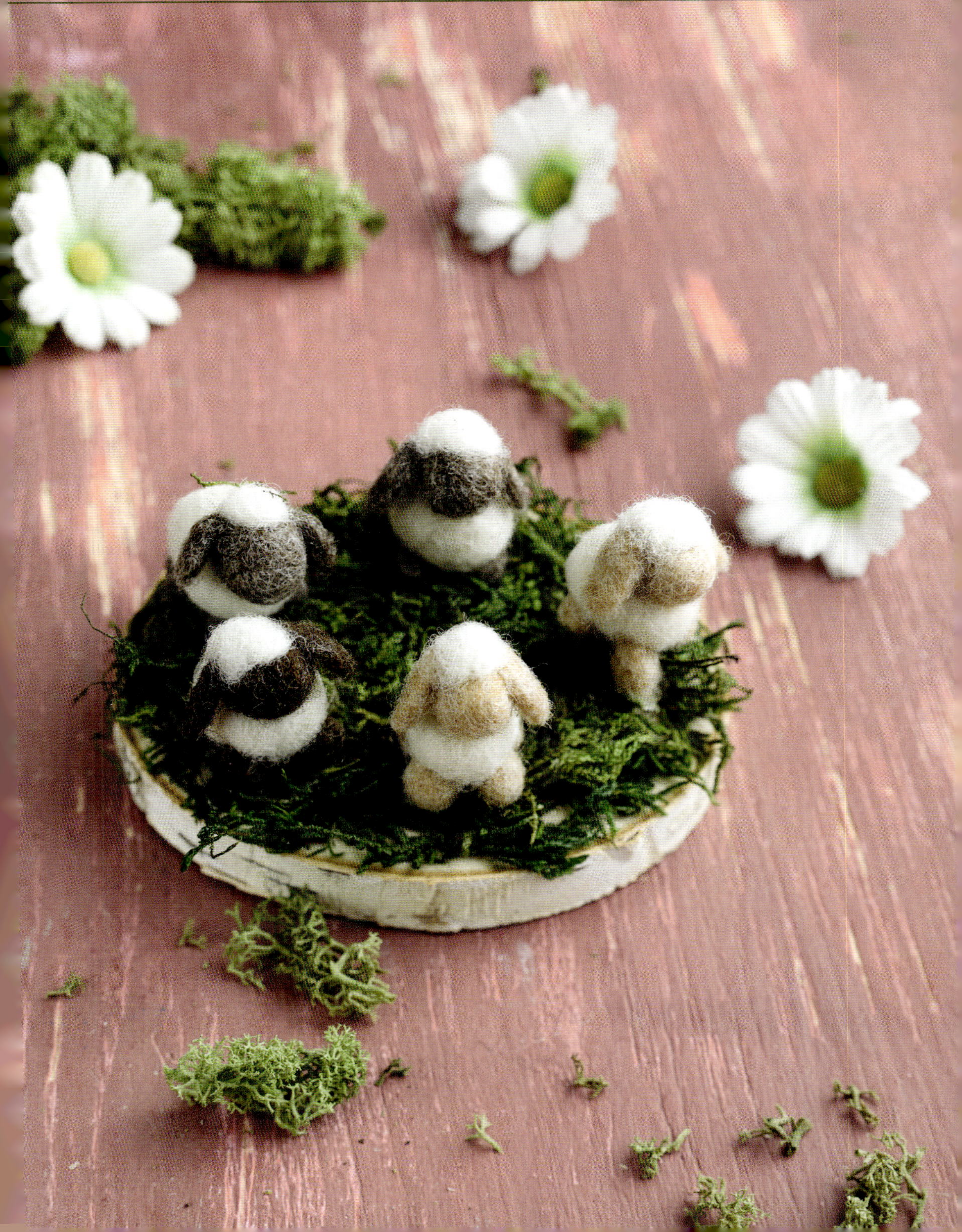

Frühlingshafte Vogelhäuschen

in Pastellfarben

MODELLHÖHE
ca. 3,5 cm

MATERIAL
PRO HÄUSCHEN

- Filzwolle in Hellgrün, Gelb, Rosa, Hellblau oder Weiß, ca. 0,8 g
- Filzwollrest in Schwarz
- Eichelhütchen der Roteiche oder Bucheckernhütchen
- kleines Zweigstück
- Garn in Dunkelbraun
- Alleskleber

1 Legen Sie ca. 0,8 g Filzwolle zu einem Strang und verknoten Sie diesen in der Mitte (siehe Grundanleitung). Die Strangenden um den Knoten wickeln, bis die Kugel einen Durchmesser von ca. 3,5 cm aufweist.

2 Filzen Sie nun eine Kugel und formen Sie daraus eine ca. 3 cm lange Olive (siehe Grundanleitung). Die Enden der Olive oben und unten abflachen.

3 Für ein rundes Vogelhäuschen ein Bucheckernhütchen probeweise aufstecken und die Größe bei Bedarf anpassen. Für ein rechteckiges Vogelhäuschen zusätzlich auch die Seiten abflachen und ein Eichelhütchen probeweise aufstecken.

4 Rollen Sie etwas Filzwolle in Schwarz zwischen zwei Fingern zu einer ca. 7 mm großen Kugel und filzen Sie diese als Flugloch auf.

5 Stechen Sie unterhalb des Fluglochs ein kleines Loch und kleben Sie ein ca. 1,5 cm langes Zweigstückchen hinein. Anschließend das Eichel- oder Bucheckernhütchen als Dach aufkleben und den Klebstoff gut trocknen lassen.

6 Wickeln Sie die Mitte eines ca. 20 cm langen Fadens als Aufhängung mehrfach um den Stiel des Hütchens und knoten Sie sie an. Die Fadenenden miteinander verknoten. Nach Belieben weitere Vogelhäuschen fertigen und an einen Ast oder in einen Strauß hängen.

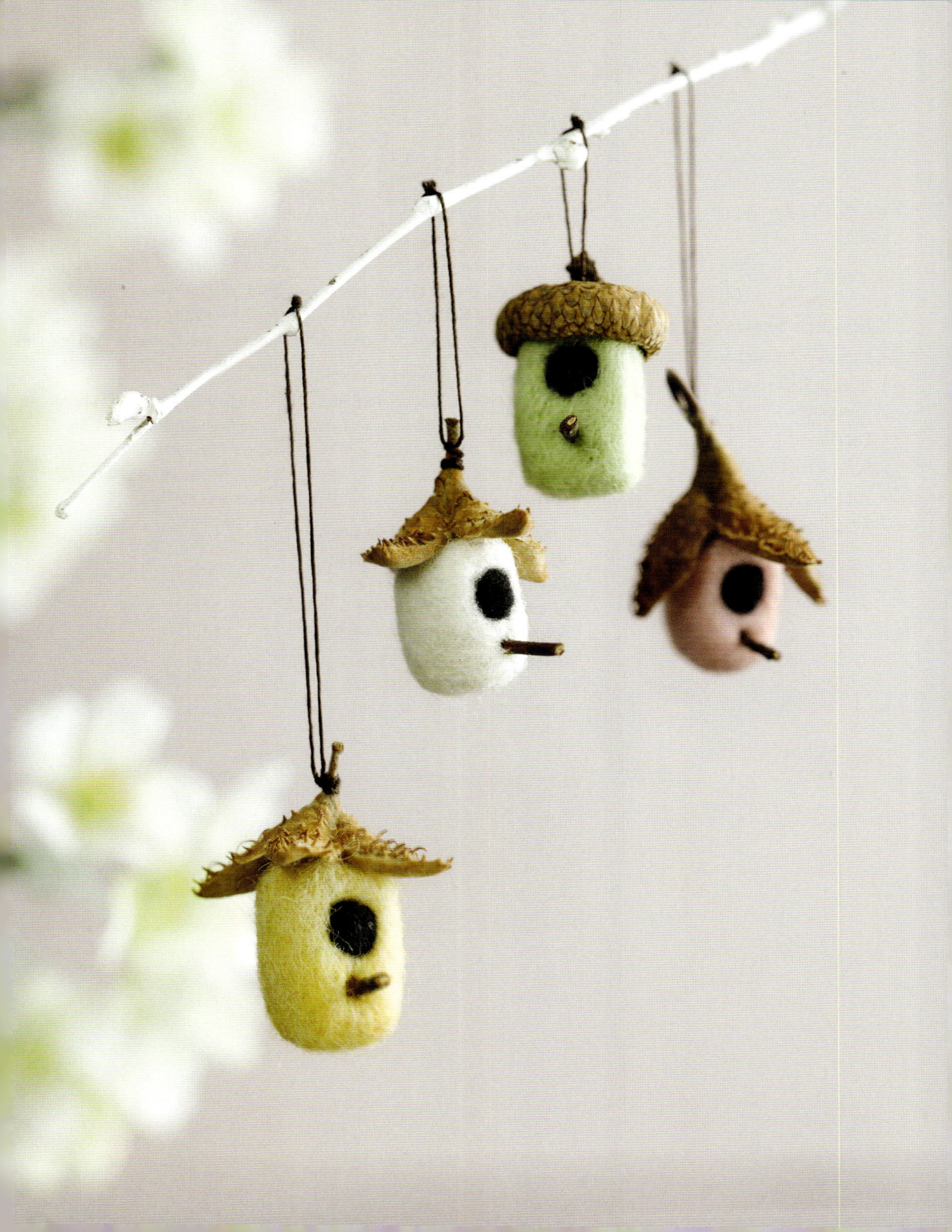

Marienkäfer

bringen Glück

MODELLLÄNGE
ca. 3 cm

MATERIAL
FÜR EINEN KÄFER

- Filzwolle in Schwarz, ca. 1,1 g
- Filzwollrest in Rot und Hellgrün
- Draht in Schwarz, ø 0,5 mm, 4 cm lang
- Baumrinde
- Seitenschneider
- Rundzange
- Alleskleber

1 Filzen Sie zunächst laut Grundanleitung aus ca. 1 g schwarzer Filzwolle eine Kugel mit einem Durchmesser von ca. 2,5 cm. Die Kugel leicht oval formen und auf einer Seite für die Unterseite des Käfers etwas abflachen.

2 Legen Sie auf ca. zwei Dritteln der Oberseite in dichten Bahnen rote Filzwolle aus und filzen Sie diese an. Für den Kopf noch etwas zusätzliche schwarze Wolle auf das restliche Drittel der Oberseite nadeln.

3 Auf die Oberseite vom Kopf aus über die Rückenmitte bis zur Unterseite einen dünnen Wollstrang aus schwarzer Filzwolle filzen (siehe Grundanleitung). Kleine, 4 mm große Kügelchen aus schwarzer Filzwolle rollen und als Punkte auf die roten Flügeldecken nadeln.

4 Teilen Sie für die Fühler den schwarzen Draht in zwei 2 cm lange Drahtabschnitte und rollen Sie je Draht ein Ende mit der Rundzange zu einer kleinen Öse auf. Auf der Kopfoberseite zwei Löcher stechen und die Fühler hineinkleben.

5 Kleben Sie zuerst etwas hellgrüne Filzwolle und anschließend den Marienkäfer auf ein Stück Baumrinde. Nach Belieben weitere Marienkäfer fertigen und aufkleben.

Mein Tipp für Sie

Dekorieren Kleben Sie die Marienkäfer alternativ auf einen schönen Zweig, eine Wurzel, einen schönen Stein oder als kleine Glücksbringer auf eine Geschenkverpackung.

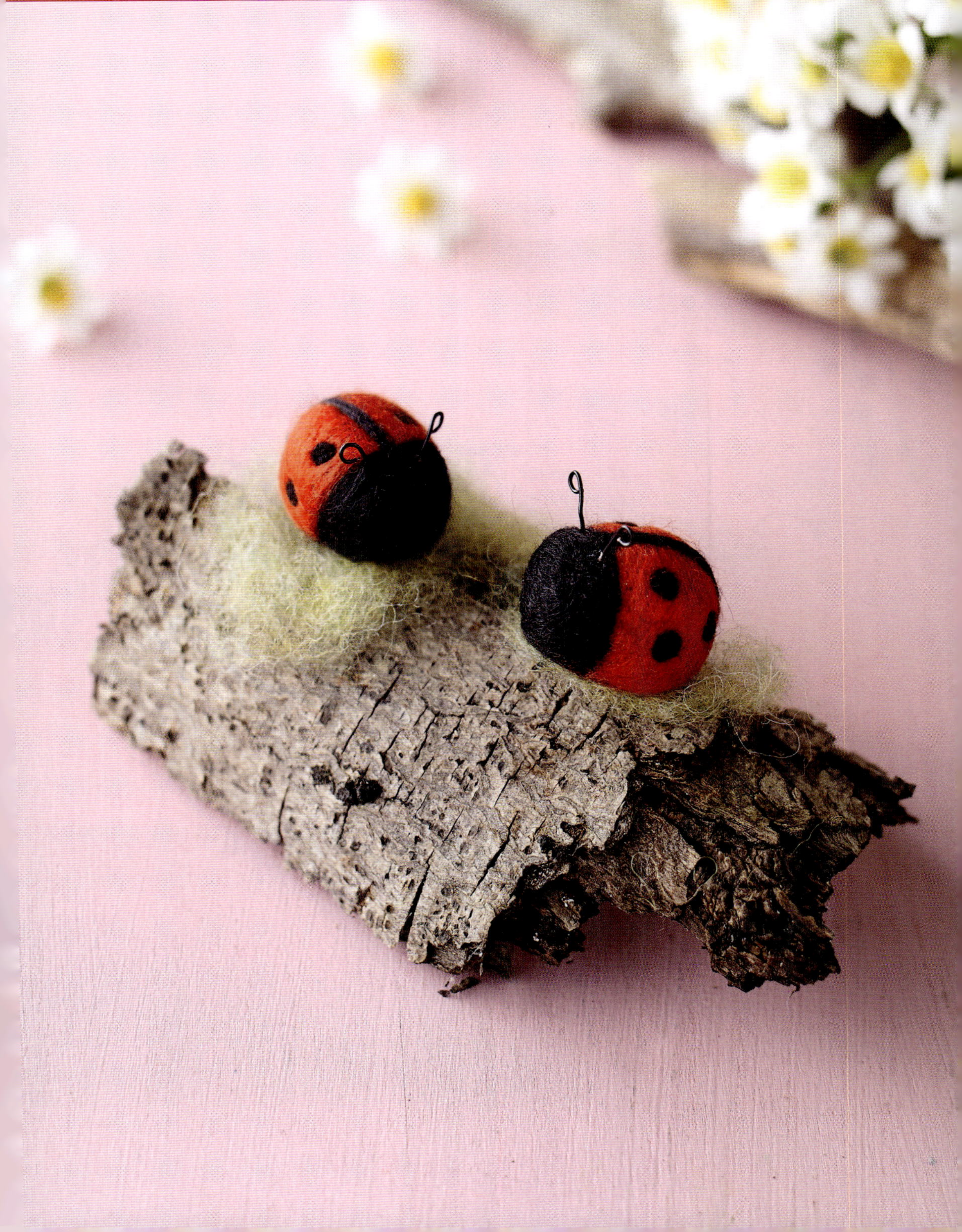

Kaktus

mit Blüte

MODELLHÖHE
ca. 5 cm

MATERIAL

- Filzwolle in Grün meliert, ca. 1,8 g
- Filzwolle in Dunkelbraun, ca. 0,6 g
- Filzwollrest in Orange und Hellgrün oder Gelb
- Tontopf, ø ca. 3,5 cm, 3 cm hoch
- Alleskleber

VORLAGE

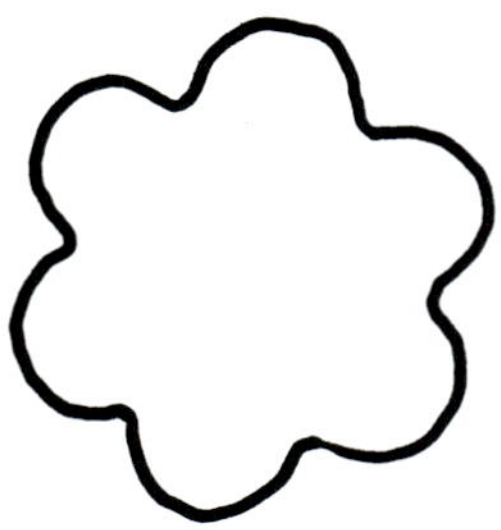

1 Filzen Sie zunächst laut Grundanleitung aus ca. 1,8 g grüner Filzwolle eine Kugel mit einem Durchmesser von ca. 3,5 cm. Für die Kaktus-Rippen die Kugel gedanklich in acht etwa gleichgroße Segmente aufteilen und diese durch gefilzte Vertiefungen voneinander trennen.

2 Rollen Sie aus wenig hellgrüner oder gelber Filzwolle acht dünne Schnüre und filzen Sie diese auf die Mitte der Rippen.

3 Fertigen Sie für die Blüte zunächst nach der Grundanleitung eine Schablone aus Moosgummi. Die Schablone mit etwas orangefarbener Filzwolle auslegen und eine Blüte filzen (siehe Grundanleitung). Diese aus der Schablone lösen und beide Seiten sowie die Konturen noch etwas nacharbeiten. Die Blüte oben auf den Kaktus nadeln.

4 Filzen Sie aus etwas hellgrüner oder gelber Filzwolle eine ca. 5 mm große Kugel und nadeln Sie diese in die Blütenmitte. Die dunkelbraune Filzwolle als Erde auf der Unterseite des Kaktus leicht annadeln und dabei in der Mitte einen kleinen Kegel auftürmen, der gut in den Tontopf passt. Den Tontopf zwischendurch anprobieren und den Kaktus anschließend hinein kleben.

Mein Tipp für Sie

Symmetrie Die Kaktus-Rippen gelingen besonders gleichmäßig, wenn Sie einander gegenüberliegende Rippen parallel filzen. Hierfür die Kugel zunächst „halbieren", dann „vierteln" und dann „achteln". Varianten Filzen Sie unterschiedlich große Kakteen mit unterschiedlichen Blütenfarben oder auch mal ohne Blüte und gestalten Sie daraus einen kleinen Kakteengarten. Für einen eher säulenförmigen Kaktus aus der Kugel zunächst eine längliche Olive mit abgerundeter Ober- und Unterseite filzen und dann die Rippen einarbeiten.

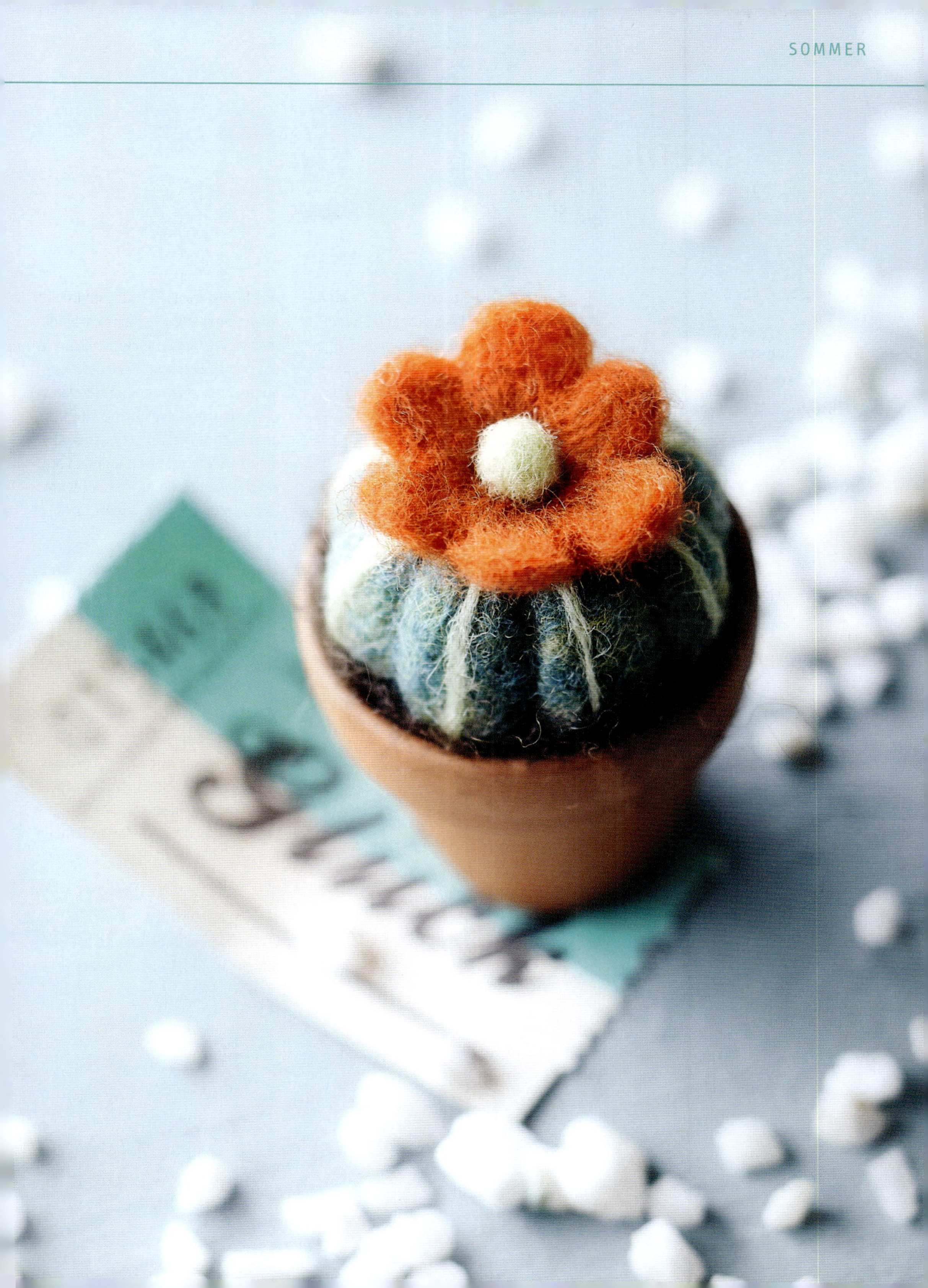

Kleine Robbe

sonnt sich auf der Muschel

MODELLLÄNGE
ca. 7 cm

MATERIAL
- Filzwolle in Weiß, ca. 4 g
- Filzwollrest in Schwarz
- Muschelschalenhälfte einer Auster
- ggf. Alleskleber

1 Legen Sie ca. 1,2 g Filzwolle in Weiß zu einem 14 cm langen Strang und verknoten Sie diesen in der Mitte (siehe Grundanleitung). Ein Strangende über den Knoten hinweg auf das zweite Strangende legen und die Strangenden offen lassen.

2 Umwickeln Sie den Knoten mit ca. 0,3 g zusätzlicher Filzwolle in Weiß und filzen Sie daraus eine Kugel für den Kopf.

3 Für den Körper 1,3 g weiße Filzwolle zu einem ca. 5,5 cm langen, runden Keil formen. Halten Sie den Kopf an das runde Ende des Körpers und nadeln Sie die offenen Strangenden über den Körper verteilt an. Den Hals noch mit etwas weißer Wolle aufpolstern. Ergänzen Sie am Körperende weitere Filzwolle in Weiß und formen Sie daraus eine geteilte Schwanzflosse. Wenig schwarze Filzwolle zu vier sehr dünnen, ca. 2 cm langen Strängen verzwirbeln und diese auf die Schwanzflosse nadeln.

4 Für eine Vorderflosse 0,2 g weiße Filzwolle zu einem 7 cm langen Strang legen. Falten Sie den Strang zur Hälfte und lassen Sie die Strangenden offen. An der Faltseite eine ca. 1,5 cm lange und ca. 1,3 cm breite Flosse filzen. Wenig schwarze Filzwolle zu drei sehr dünnen, ca. 2 cm langen Strängen verzwirbeln und diese auf die Flosse nadeln (siehe Foto). In gleicher Weise eine zweite Flosse arbeiten und die Flossen beidseitig mit den offenen Strangenden an den Körper filzen.

5 Für das Gesicht die Kopfkugel etwas abflachen. Formen Sie für die Schnauze aus einem kleinen Rest weißer Filzwolle eine ca. 8 mm große Kugel und flachen Sie diese an einer Seite so ab, dass eine Halbkugel entsteht. Die Schnauze auf das abgeflachte Gesicht nadeln. Aus wenig schwarzer Wolle zwei ca. 3 mm große Kugeln formen und als Augen oberhalb der Schnauze anfilzen. Einen dünnen ca. 8 mm langen Strang als Mund und darüber drei ca. 2 mm lange Stränge in Form eines Y als Nase auffilzen (siehe Foto).

6 Die Robbe auf der Muschelschalenhälfte positionieren und bei Bedarf mit etwas Alleskleber fixieren.

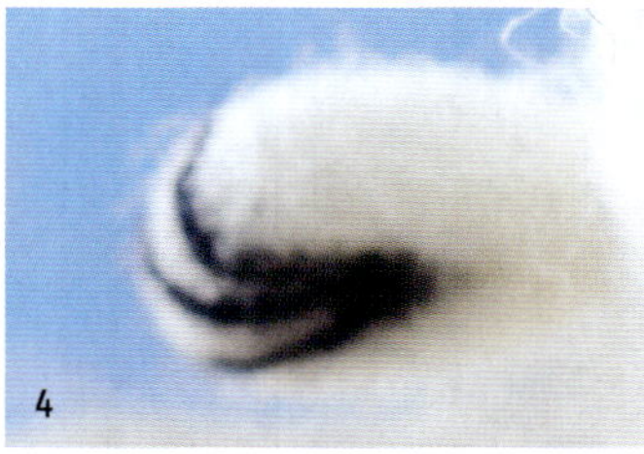

4

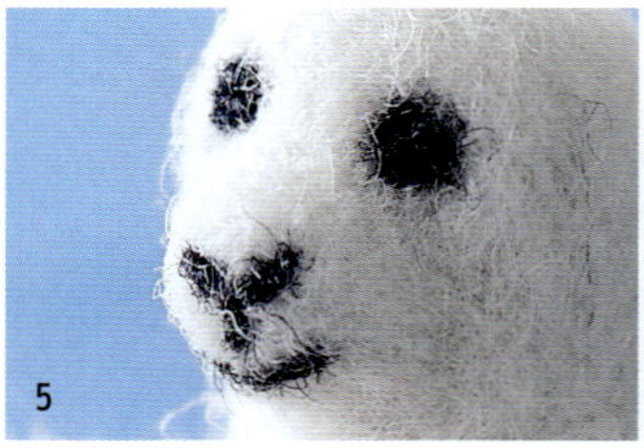

5

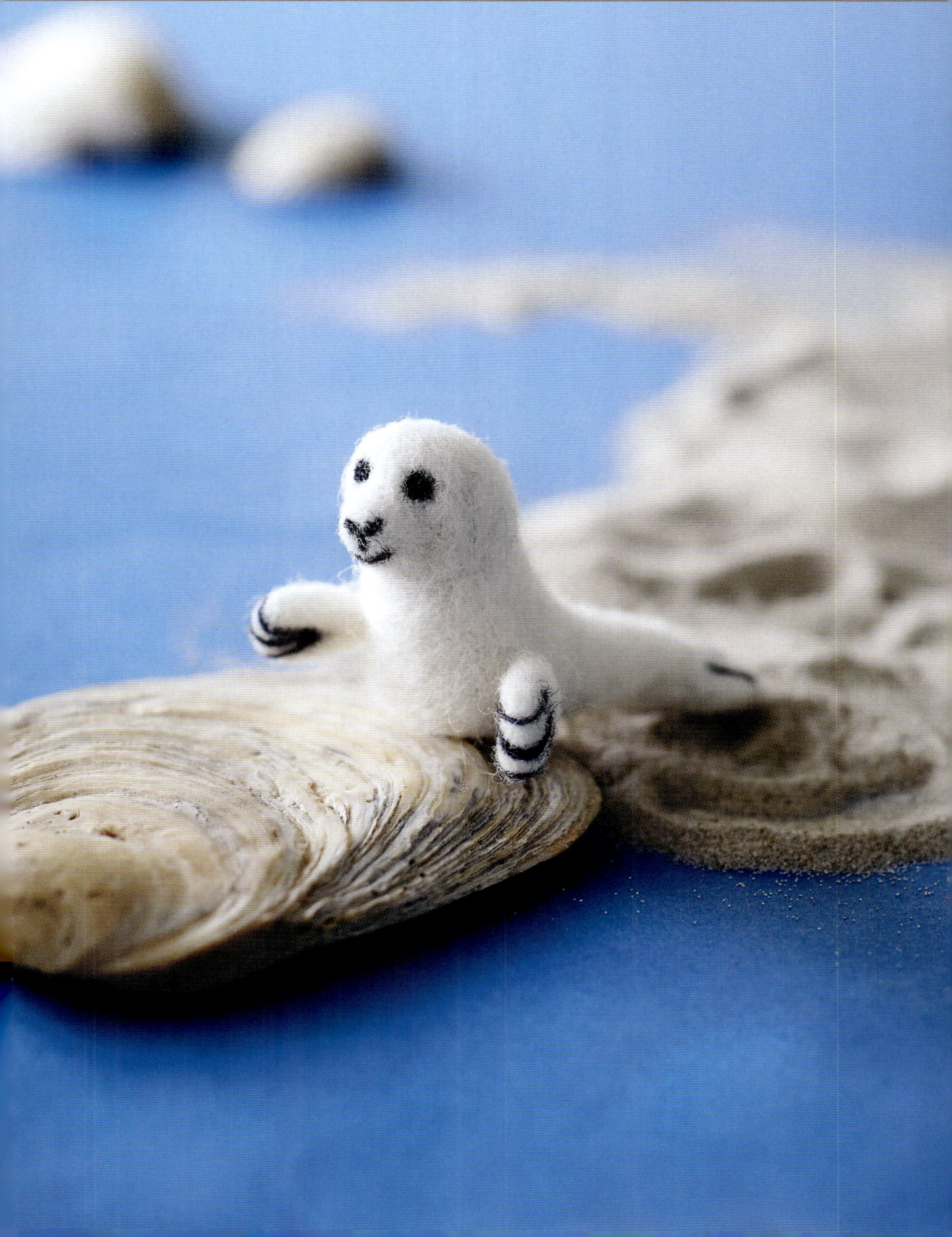

Schneckenduo

hat keine Eile

MODELLLÄNGE

- Kleinere Schnecke ca. 4,5 cm
- Größere Schnecke ca. 5,5 cm

MATERIAL

FÜR EINE KLEINERE SCHNECKE

- Filzwolle in Blassrosa, ca. 0,8 g
- Schneckenhaus, ø ca. 2 cm
- Draht in Silber, ø 0,5 mm, 4 cm lang

FÜR EINE GRÖSSERE SCHNECKE

- Filzwolle in Blassrosa, ca. 1 g
- Schneckenhaus, ø ca. 2,5 cm
- Draht in Silber, ø 0,5 mm, 4 cm lang

- Alleskleber
- Seitenschneider
- Rundzange

Kleinere Schnecke

1 Legen Sie ca. 0,6 g Filzwolle zu einem 15 cm langen Strang und versehen Sie diesen in der Mitte mit einem lockeren Knoten (siehe Grundanleitung). Ein Strangende über den Knoten hinweg auf das zweite Strangende legen und dort etwas anfilzen.

2 Nadeln Sie aus dem Knoten eine Kugel für den Kopf. Polstern Sie die aufeinander liegenden Strangenden vom Kopf aus mit etwas zusätzlicher Filzwolle auf und filzen Sie daraus einen halbrunden Körper.

3 Einen kleinen Rest Filzwolle zu einer ca. 8 mm großen Kugel formen. Filzen Sie daraus einen kleinen Kegel, indem Sie die Kugel auf einer Seite etwas abflachen und die gegenüberliegende Seite zuspitzen. Den Kegel im oberen Drittel des Körpers als Halter für das Schneckenhaus aufnadeln. Stecken Sie das Schneckenhaus probeweise auf den Kegel und passen Sie den Kegel bei Bedarf noch etwas an. Das Schneckenhaus mit etwas Alleskleber auf den Kegel kleben.

4 Für die Fühler den Silberdraht in zwei 2 cm lange Drahtabschnitte teilen und je Draht ein Ende mit der Rundzange zu einer kleinen Öse aufrollen. Stechen Sie auf der Kopfoberseite zwei Löcher und kleben Sie die Fühler hinein.

Größere Schnecke

1 Legen Sie ca. 0,8 g Filzwolle zu einem 17 cm langen Strang und versehen Sie diesen in der Mitte mit einem lockeren Knoten (siehe Grundanleitung). Anschließend der Anleitung für die kleinere Schnecke folgen.

Mein Tipp für Sie

Körperfarbe Sehr natürlich wirken Ihre Schnecken, wenn Sie bei der Wahl der Körperfarbe eine Farbe des verwendeten Schneckenhauses aufgreifen.

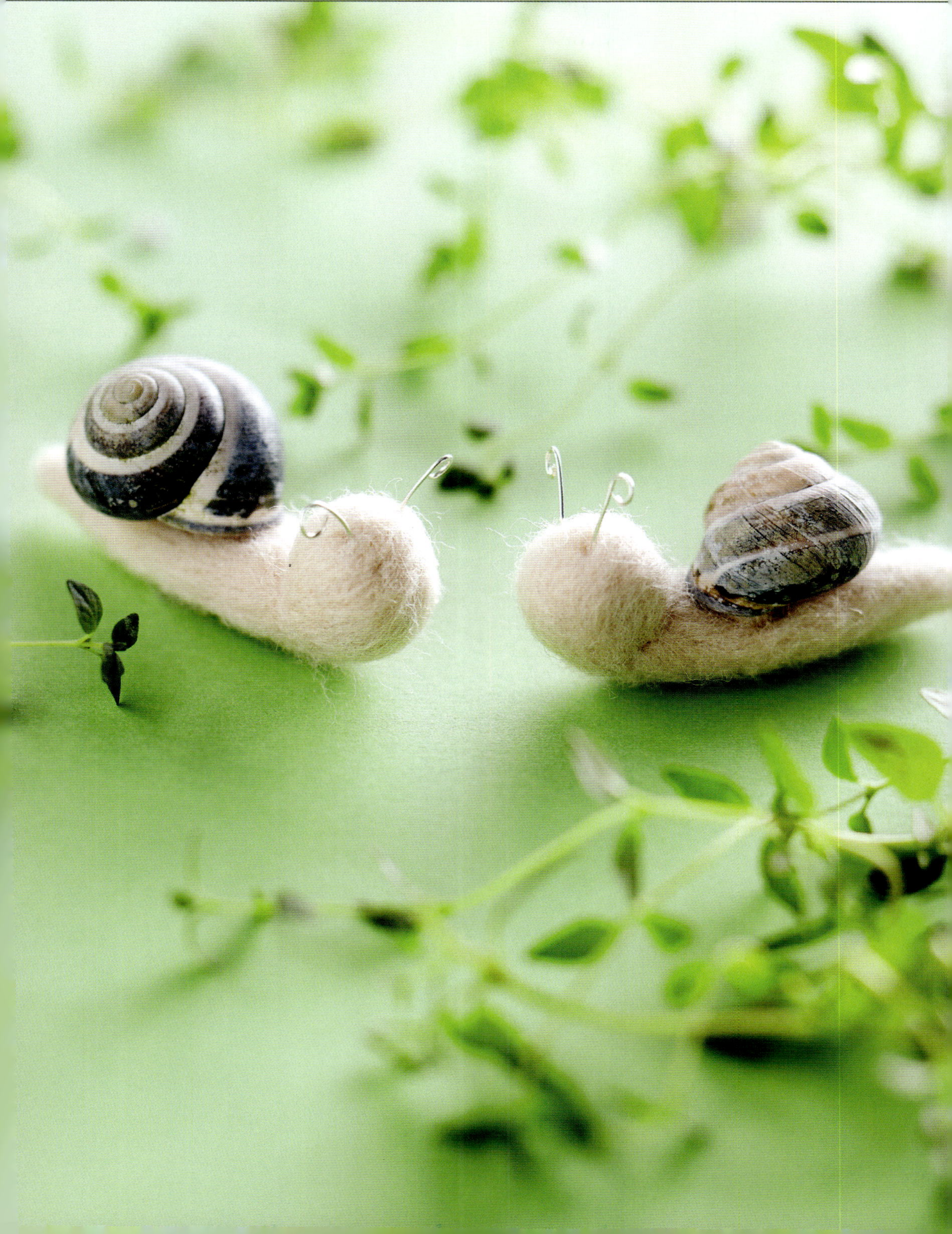

Herbstliche Dekoration

aus Kastanien, Eicheln und Bucheckern

MODELLHÖHE

- Eichel ca. 2,5 cm (ohne Stiel)
- Kastanie ca. 3 cm
- Buchecker ca. 2,5 cm (ohne Stiel)

MATERIAL

FÜR EINE EICHEL

- Filzwolle in Hellbraun, ca. 0,3 g
- Eichelhütchen der Stieleiche

FÜR EINE KASTANIE

- Filzwolle in Dunkelbraun, ca. 1g
- Filzwollrest in Hellbraun

FÜR EINE BUCHECKER

- Merino-Filzwollrest in Mittelbraun

- Bucheckernhütchen
- Alleskleber

Eichel

1 Legen Sie ca. 0,3 g Filzwolle zu einem Strang und verknoten Sie diesen in der Mitte (siehe Grundanleitung). Die Strangenden um den Knoten wickeln, bis die Kugel einen Durchmesser von ca. 2,5 cm aufweist.

2 Filzen Sie nun eine Kugel und formen Sie daraus eine ca. 2 cm lange Olive (siehe Grundanleitung). Ein Ende der Olive etwas runder filzen und ein Eichelhütchen dort probeweise aufstecken. Die Größe bei Bedarf anpassen und das Hütchen dann mit etwas Alleskleber aufkleben.

Kastanie

1 Legen Sie ca. 1 g Filzwolle zu einem Strang und verknoten Sie diesen in der Mitte (siehe Grundanleitung). Die Strangenden um den Knoten wickeln, bis die Kugel einen Durchmesser von ca. 4 cm aufweist.

2 Filzen Sie nun eine Kugel mit einem Durchmesser von ca. 3 cm und flachen Sie diese an einer Seite ab. Etwas hellbraune Filzwolle zu einer kleinen runden Scheibe formen und an der flachen Seite aufnadeln.

Buchecker

1 Legen Sie ca. 0,15 g Merino-Filzwolle zu einem Strang und verknoten Sie diesen in der Mitte (siehe Grundanleitung). Die Strangenden um den Knoten wickeln, bis die Kugel einen Durchmesser von ca. 2 cm aufweist.

2 Filzen Sie nun eine Kugel und formen Sie daraus eine ca. 1,5 cm lange Olive (siehe Grundanleitung). Ein Ende der Olive abflachen und aus der runden Olive ein dreiseitiges Tetraeder filzen. Die Form zwischendurch mit den Fingern nachformen und probeweise in ein Bucheckernhütchen stecken. Die Größe bei Bedarf anpassen und dann die Buchecker mit etwas Alleskleber in das Hütchen kleben.

Die gewünschte Anzahl an Eicheln, Kastanien und Bucheckern filzen und nach Belieben dekorieren.

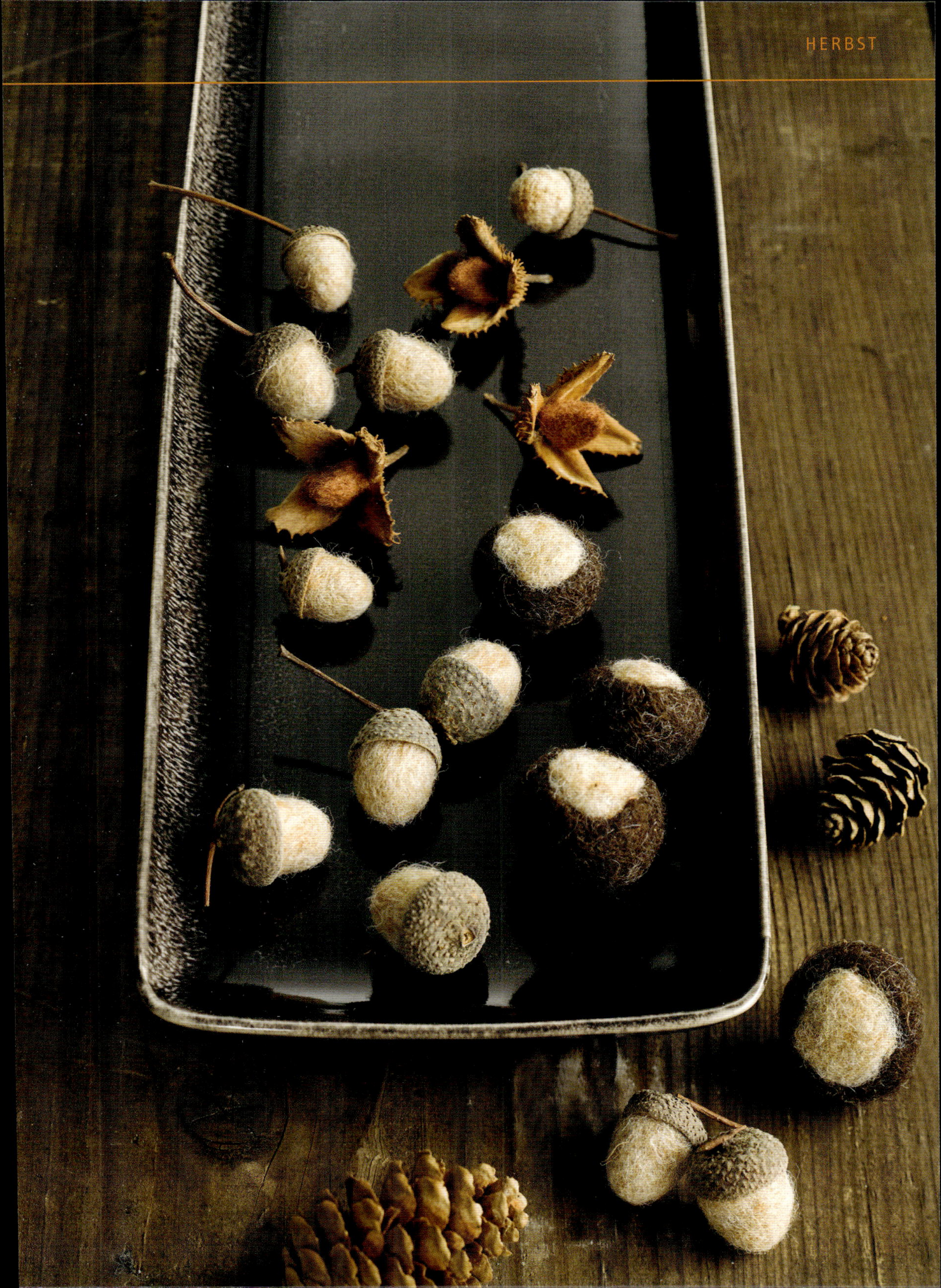

Putzige Pilze

auf Baumrinde

MODELLHÖHE

- Pfifferlinge: klein ca. 2,5 cm, groß ca. 3,5 cm
- Champignons: klein ca. 1,8–2,3 cm, mittel ca. 3 cm, groß ca. 3,5 cm

MATERIAL

FÜR FÜNF PFIFFERLINGE

- Merino-Filzwolle in Goldgelb, ca. 3,5 g

FÜR FÜNF WEISSE CHAMPIGNONS

- Filzwolle in Weiß, ca. 7,5 g

FÜR FÜNF BRAUNE CHAMPIGNONS

- Filzwolle in Weiß, ca. 2,5 g
- Filzwolle in Hellbraun, ca. 5 g

- Baumrinde aus Kork und Moos
- Heißkleber

VORLAGE

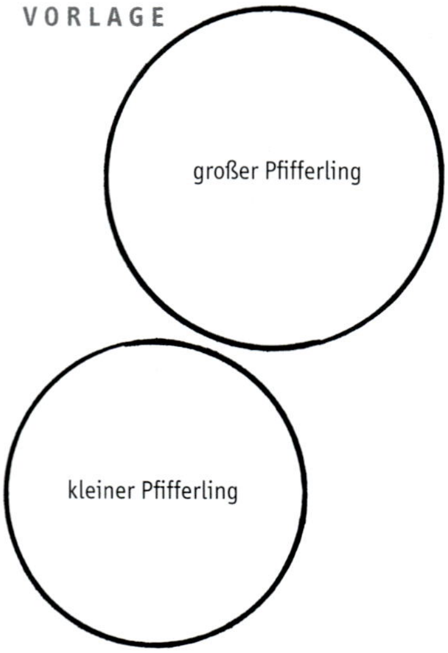

Pfifferlinge

1 Legen Sie für den Stiel des Pfifferlings ca. 0,25 g (kleiner Pilz) oder ca. 0,4 g (großer Pilz) Filzwolle zu einem 7 cm langen (kleiner Pilz) oder 9 cm langen (großer Pilz) Strang und verknoten Sie diesen in der Mitte (siehe Grundanleitung). Ein Strangende über den Knoten hinweg auf das zweite Strangende legen und dort annadeln. Den Knoten als Stielbasis etwas abflachen und dann für den kleinen Pilz eine 1,5 cm lange und für den großen Pilz eine 2 cm lange Schnur filzen (siehe Grundanleitung). Das restliche Ende auffächern.

2 Fertigen Sie nun für den Pilzhut nach der Grundanleitung eine Schablone aus Moosgummi. Die Schablone mit etwas Filzwolle auslegen und eine runde Scheibe arbeiten. Diese aus der Schablone lösen und das aufgefächerte Stielende auf einer Seite anfilzen. Bei Bedarf den Stielansatz mit weiterer Wolle verstärken.

3 Wölben Sie den Pilzhut nach oben und falten Sie ihn zur Hälfte. Die beiden Falten mit einigen Nadelstichen fixieren. Den Hut auffalten und erneut so falten, dass die beiden fixierten Falten aufeinander liegen. Die neuen Falten fixieren und den Hut wieder auffalten. Den Pilz mit der Hand nachformen und zusammen mit etwas Moos auf die Baumrinde kleben. Nach Belieben weitere Pilze ergänzen.

Weiße Champignons

1 Legen Sie für den ganz kleinen Pilz 0,2 g, für den kleinen 0,3 g, für den mittleren 0,7 g oder für den großen 1,2 g weiße Filzwolle zu einem Strang und verknoten Sie diesen in der Mitte (siehe Grundanleitung). Daraus eine Kugel mit einem Durchmesser von ca. 1,3 cm (ganz kleiner Pilz), 1,8 cm (kleiner Pilz), 2,5 cm (mittlerer Pilz) bzw. 3 cm (großer Pilz) filzen. Drücken Sie die Kugel nun etwas zusammen und filzen Sie daraus einen Pilzhut.

2 Für den Stiel legen Sie 0,1 g (ganz kleiner Pilz), 0,17g (kleiner Pilz), 0,25 g (mittlerer Pilz) oder 0,4 g (großer Pilz) weiße Filzwolle zu einem Strang und verknoten Sie diesen in der Mitte. Daraus eine ca. 0,8 cm (ganz kleiner Pilz), 1,2 cm (kleiner Pilz), 1,5 cm (mittlerer Pilz) bzw. 2 cm (großer Pilz) lange Olive filzen (siehe Grundanleitung). Ein Ende der Olive etwas abflachen und das andere an die Hutunterseite nadeln.

3 Den Pilz mit der Hand nachformen und zusammen mit etwas Moos auf die Baumrinde kleben. Nach Belieben weitere Pilze unterschiedlicher Größe ergänzen.

Braune Champignons

1 Folgen Sie Schritt 1–3 der Anleitung für die weißen Champignons und verwenden Sie dabei in Schritt 1 für den Hut hellbraune Filzwolle.

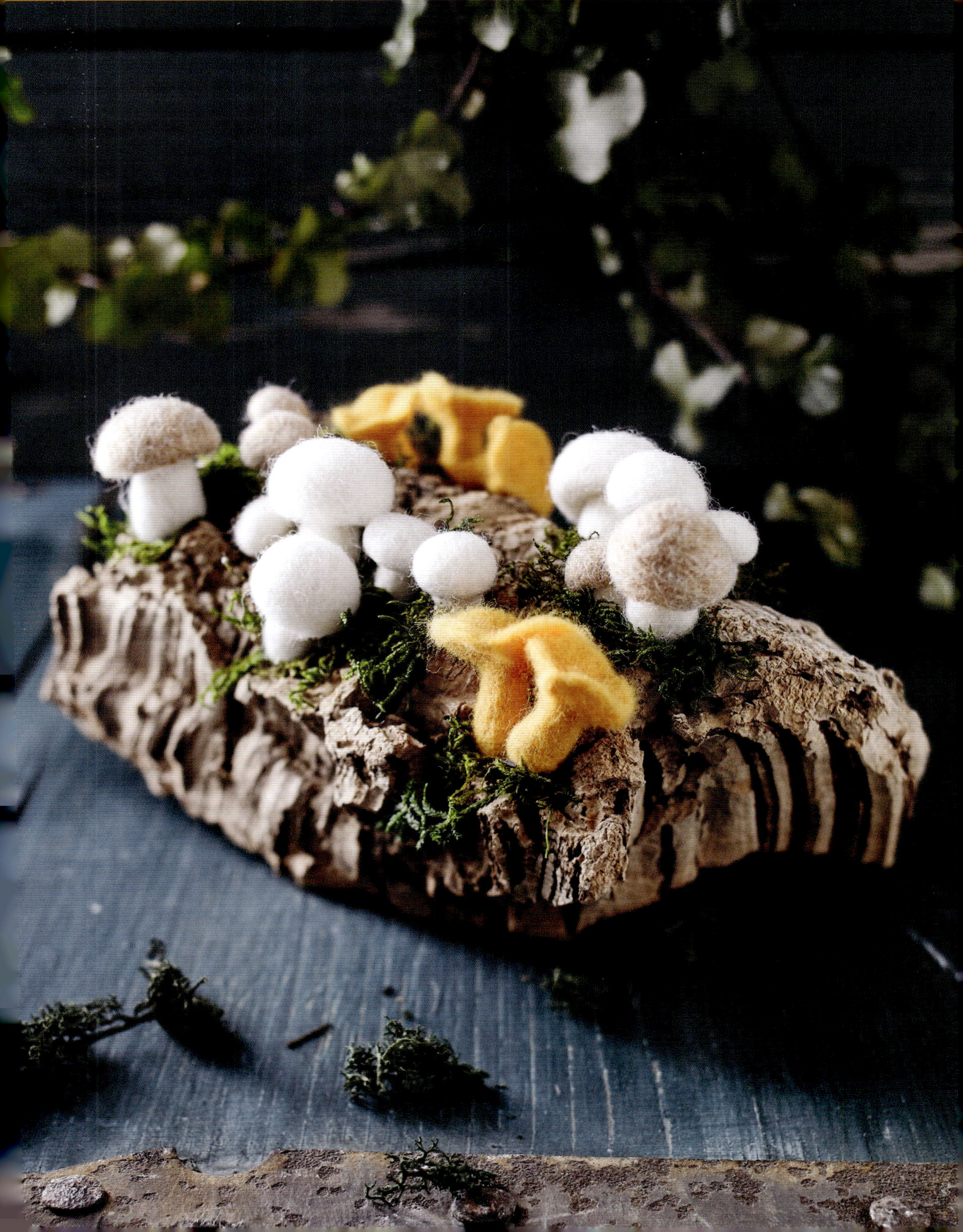

Verspielte Mäuse

mit Walnussschalen

MODELLLÄNGE
ca. 2,5 cm (ohne Schwanz)

MATERIAL PRO MAUS

- Merino-Filzwolle in Grau, ca. 0,6 g
- Merino-Filzwollrest in Rosa und Schwarz
- Hälfte einer Walnussschale
- Alleskleber

1 Legen Sie ca. 0,5 g Merino-Filzwolle in Grau zu einem Strang und verknoten Sie diesen in der Mitte (siehe Grundanleitung). Die Strangenden um den Knoten wickeln, bis die Kugel einen Durchmesser von ca. 3 cm aufweist.

2 Filzen Sie nun eine Kugel und formen Sie daraus eine ca. 2,5 cm lange Olive (siehe Grundanleitung). Ein Ende der Olive zu einer Spitze formen und eine Seite abflachen.

3 Legen Sie etwas graue Filzwolle zu einem dünnen, ca. 8 cm langen Strang und falten Sie diesen zur Hälfte. Daraus eine ca. 4 cm lange Schnur filzen (siehe Grundanleitung) und diese zwischendurch zwischen den Handflächen etwas rollen. Die Schnur als Schwanz an die abgeflachte Unterseite der Maus nadeln.

4 Wickeln Sie einen kleinen Strang grauer Filzwolle auf und falten Sie ihn zur Hälfte zusammen. Daraus ein spitz zulaufendes, ca. 1 cm langes Ohr filzen. Rollen Sie etwas Filzwolle in Rosa zwischen zwei Fingern zu einer kleinen Kugel und nadeln Sie diese auf die Innenseite des Ohrs. Ein zweites Ohr filzen und beide Ohren an den Körper der Maus nadeln.

5 Rollen Sie etwas Filzwolle in Schwarz zwischen zwei Fingern zu einer ca. 4 mm großen Kugel und nadeln Sie diese als Nase an das spitz zulaufende Ende des Körpers. Für die Augen zwei ca. 3 mm großen Kugeln aus schwarzer Filzwolle rollen und diese oberhalb der Nase auffilzen.

6 Die Maus in eine leere oder auf eine noch gefüllte Walnussschalenhälfte kleben.

Mein Tipp für Sie

Standvermögen verleihen Kleben Sie ein kleines Stück Walnussschale als Stütze an die Rückseite der aufrecht stehenden Walnussschale.

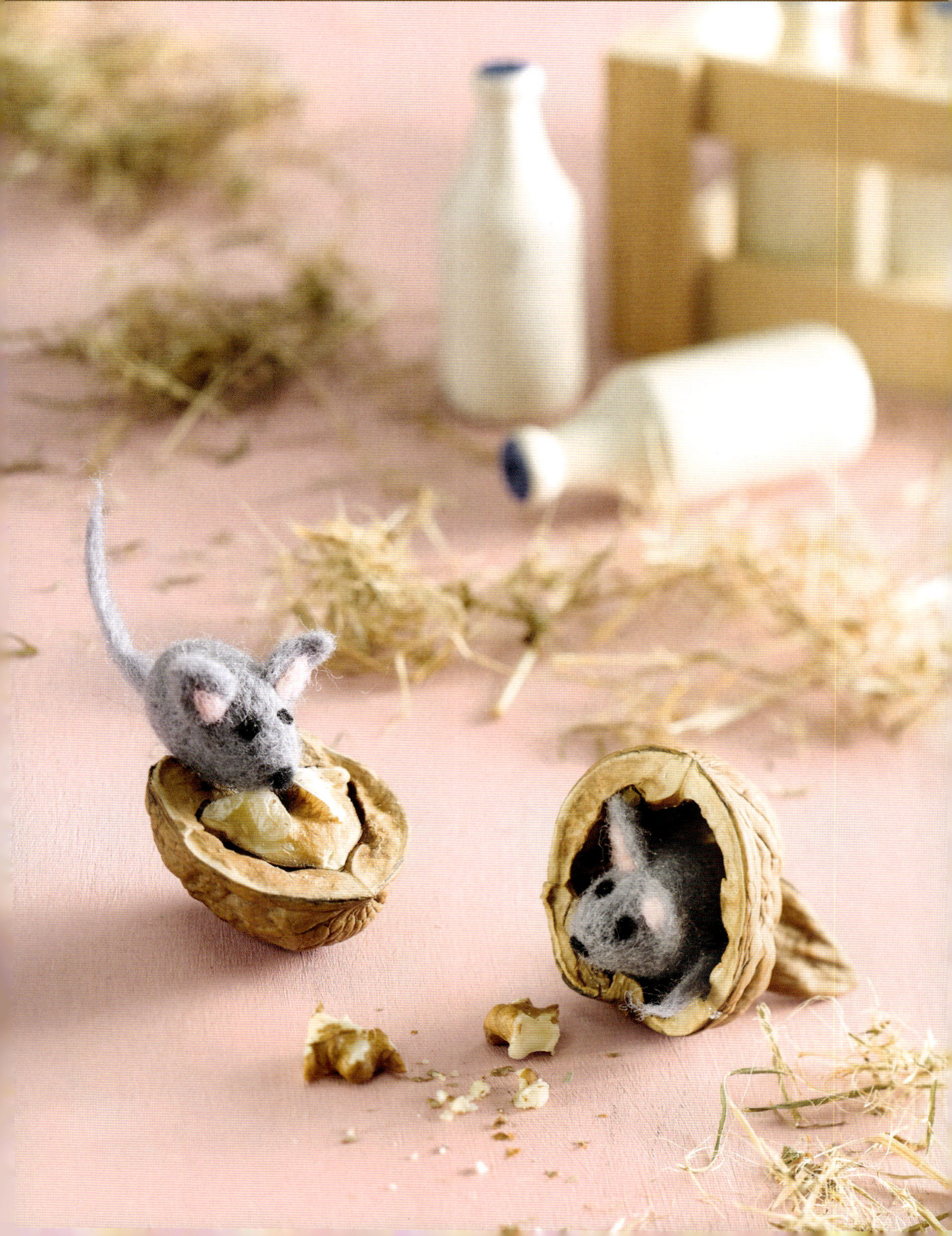

Quirliges Eichhörnchen

sucht nach Nüssen

MODELLHÖHE
ca. 3 cm (ohne Walnussschale)

MATERIAL

- Merino-Filzwolle in Mittelbraun, ca. 0,5 g
- Merino-Filzwollrest in Weiß und Schwarz
- Moos
- Hälfte einer Walnussschale
- Alleskleber

1 Legen Sie ca. 0,2 g Merino-Filzwolle in Mittelbraun zu einem Strang und verknoten Sie diesen in der Mitte (siehe Grundanleitung). Die Strangenden um den Knoten wickeln, bis die Kugel einen Durchmesser von ca. 2 cm aufweist. Filzen Sie nun eine Kugel und formen Sie daraus für den Körper des Eichhörnchens eine ca. 1,5 cm lange Olive (siehe Grundanleitung).

2 In gleicher Weise ca. 0,1 g Filzwolle zu einer ca. 1 cm großen Kugel wickeln. Arbeiten Sie daraus eine ca. 1 cm lange Olive und nadeln Sie diese als Kopf an ein Ende der größeren Olive.

3 Für die Arme und Beine je einen ca. 3 cm langen, dünnen Strang mittelbrauner Filzwolle zweimal zur Hälfte (= ein Viertel der Länge) falten und zu vier ca. 7 mm langen Schnüren filzen (siehe Grundanleitung). Die Beine am unteren Ende und die Arme unterhalb des Kopfes seitlich an den Körper nadeln.

4 Wickeln Sie einen ca. 2,5 cm langen Strang brauner Filzwolle auf und falten Sie diesen zur Hälfte zusammen. Daraus ein ca. 9 mm langes Ohr filzen. Ein zweites Ohr arbeiten und beide Ohren seitlich an den Kopf nadeln.

5 Rollen Sie etwas Filzwolle in Schwarz zwischen zwei Fingern zu einer ca. 3 mm großen Kugel und filzen Sie diese als Nase an den Kopf. Für die Augen aus schwarzer Filzwolle zwei ca. 2 mm großen Kugeln rollen und diese oberhalb der Nase auffilzen. Etwas weiße Filzwolle auf den Bauch und unterhalb der Nase an den Kopf nadeln.

6 Legen Sie die restliche braune Filzwolle zu einem ca. 7 cm langen Strang. Diesen in der Mitte falten und als Schwanz an die Rückseite des Körpers filzen.

7 Kleben Sie zuerst etwas Moos und dann das Eichhörnchen auf die Walnussschalenhälfte.

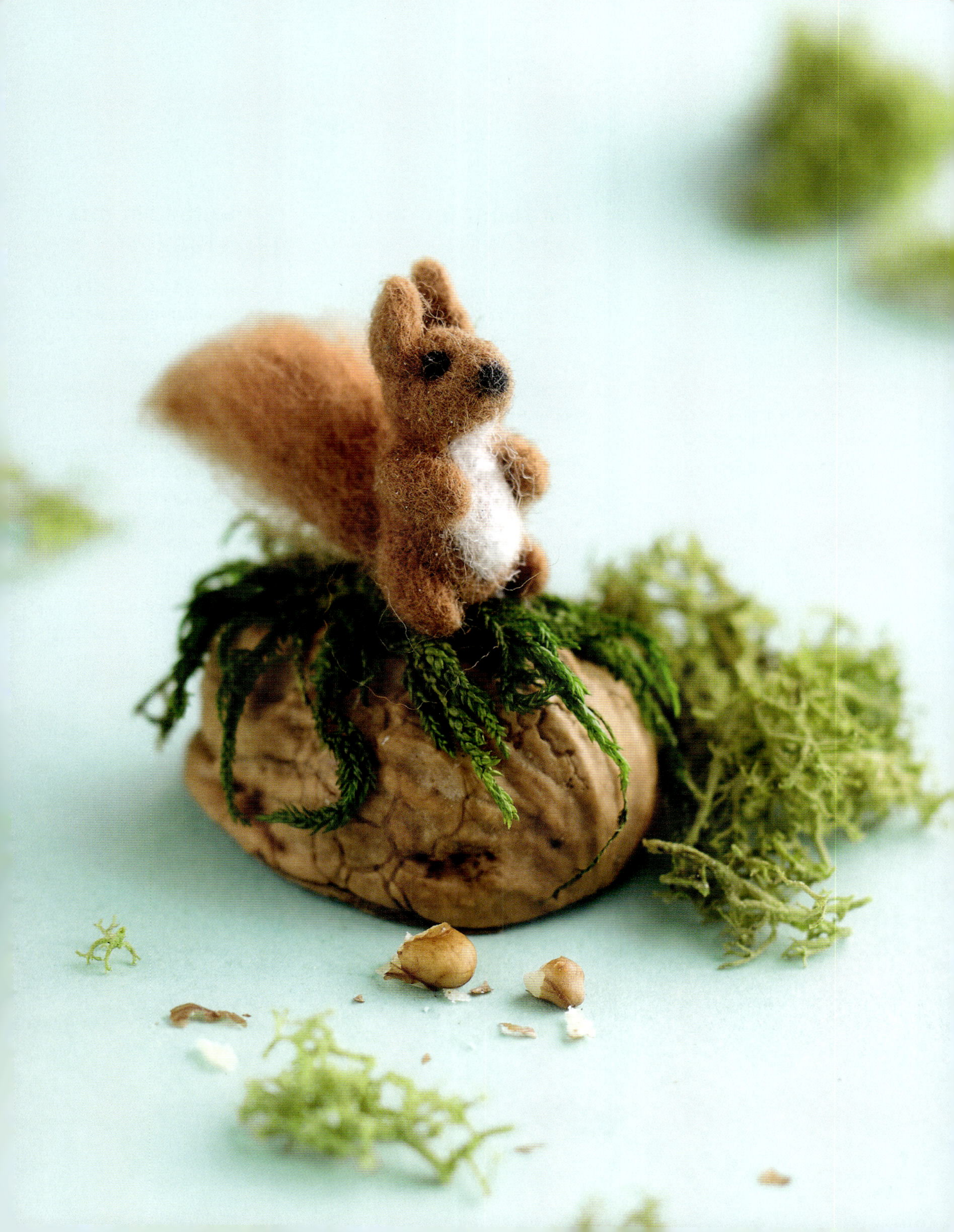

Tannenbäume

auf Holzscheiben

MODELLHÖHE

- Mit Holzscheibe ca. 8 cm
- Mit Holzständer ca. 13 cm

MATERIAL

- PRO TANNENBAUM
- Filzwolle in Dunkelgrün meliert, ca. 5 g
- Pinienscheibe, ø ca. 4,5 cm oder Deko-Holzständer, ø 4,5–5,5 cm
- Paillettensterne in Gold, ø 8 mm, ca. 20 Stück
- Stecknadeln mit Metallkopf, 1,6–1,8 cm lang, ca. 20 Stück
- Heißkleber

Tannenbaum auf Holzscheibe

1 Legen Sie ca. 3 g Filzwolle zu einem 16 cm langen Strang und verknoten Sie diesen in der Mitte (siehe Grundanleitung). Für die Kegelform ein Strangende über den Knoten hinweg auf das zweite Strangende legen und dort annadeln. Den Knoten als Basis etwas abflachen.

2 Ergänzen Sie ringsum etwas Filzwolle und filzen Sie diese an. Durch Hinzufügen weiterer Filzwolle eine ca. 7,5 cm hohe Kegelform mit einem Durchmesser von ca. 4 cm formen.

3 Fixieren Sie den Kegel mit etwas Heißkleber auf der Holzscheibe und dekorieren Sie den Tannenbaum nach Belieben mit einzelnen Paillettensternen, die Sie mit den Stecknadeln befestigen.

Tannenbaum mit Holzständer

1 Folgen Sie Schritt 1-2 der Anleitung für den Tannenbaum auf Holzscheibe und filzen Sie eine ca. 8,5 cm hohe Kegelform mit einem Durchmesser von ca. 4,5 cm.

2 Für den Holzständer auf der Kegelunterseite durch wiederholtes Einstechen mit der Filznadel ein ca. 3 cm tiefes Loch mit einem Durchmesser von ca. 1 cm arbeiten und den Holzständer mit etwas Heißkleber darin fixieren.

3 Dekorieren Sie den Tannenbaum nach Belieben mit einzelnen Paillettensternen, die Sie mit den Stecknadeln befestigen.

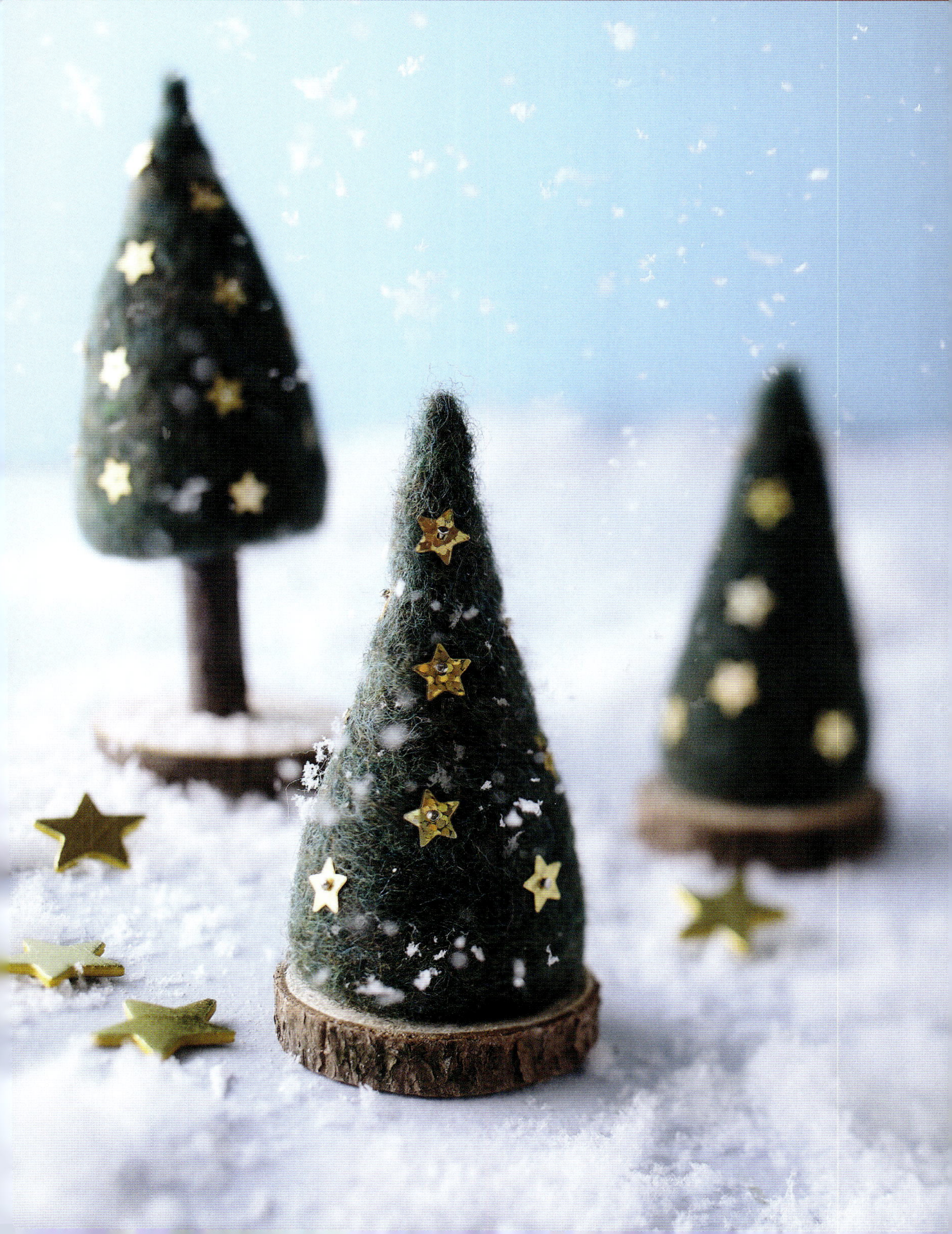

Kleiner Engel

auf Kiefernzapfen

MODELLHÖHE
ca. 10 cm (incl. Kiefernzapfen)

MATERIAL
- Filzwolle in Blassrosa, ca. 2 g
- Filzwolle in Weiß, ca. 0,8 g
- Merino-Filzwollerest in Gelb
- Chenilledraht in Weiß, ø 0,6 cm, 25 cm lang
- Paillettensterne in Gold, ø 8 mm, ca. 30 Stück
- Rocailles in Topas mit Silbereinzug, ø 2 mm, ca. 15 Stück
- Nähgarn in Weiß, Nähnadel
- Perlonfaden in Transparent, ø 0,3 mm
- Kiefernzapfen
- Alleskleber
- Heißkleber

VORLAGE

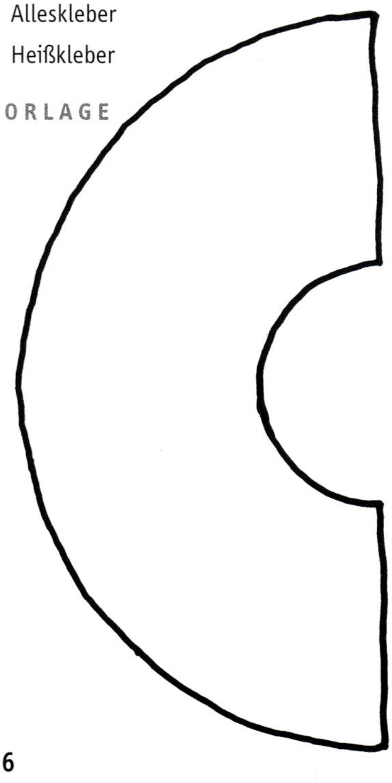

1 Trennen Sie für die Arme ein 9 cm langes Stück von dem Chenilledraht ab. Den längeren Chenilledrahtabschnitt zur Hälfte falten und um die Mitte des kürzeren Abschnitts winden. Nun die beiden Enden des längeren Drahtabschnittes unterhalb des Armabschnitts für den Körper über 2 cm hinweg miteinander verdrehen und dann für die Beine etwas auseinander biegen. Die vier Chenilledrahtenden jeweils nach 0,5 cm umbiegen und andrücken.

2 Legen Sie ca. 1,2 g Filzwolle in Blassrosa zu einem 16 cm langen Strang und verknoten Sie diesen in der Mitte (siehe Grundanleitung). Ein Strangende über den Knoten hinweg auf das zweite Strangende legen und die Strangenden offen lassen.

3 Filzen Sie aus dem Knoten eine Kugel für den Kopf und ergänzen Sie weitere Filzwolle, bis der Kopf einen Durchmesser von ca. 2 cm erreicht hat. Den Kopf auf den Körper setzen und die offenen Strangenden um den gedrehten Körperabschnitt herum annadeln.

4 Den Hals mit einem kleinen Strang Wolle in Blassrosa abbinden und die Strangenden auf den Körper filzen. Umwickeln Sie den Chenilledraht für die Arme und Beine mit aufgefächerten Strängen Wolle in Blassrosa und filzen Sie diese etwas an.

5 Verteilen Sie etwas weiße Filzwolle auf dem Oberkörper und den Oberarmen und nadeln Sie diese an. Für den Rock nach der Grundanleitung eine Schablone aus Moosgummi fertigen. Legen Sie diese mit ca. 0,5 g weißer Filzwolle aus und filzen Sie einen Halbkreis. Diesen als Rock um die Körpermitte legen und die beiden Schmalseiten auf der Rückseite aufeinander filzen. Den Rock an die Körpermitte filzen. Einen kleinen Strang gelber Filzwolle als Gürtel um die Körpermitte binden und annadeln.

6 Verteilen Sie Pailettensterne auf dem Kleid und nähen Sie diese mit je 1 Rocaille in der Mitte an. Einen ca. 11 cm langen Strang aus gelber Filzwolle als Haare auf den Kopf nadeln und einen Paillettenstern an den Haaransatz nähen. Als Aufhängung beide Enden eines Perlonfadens vom Nacken aus bis zur Kopfmitte durch den Kopf ziehen und miteinander verknoten.

7 Schlagen Sie die Beine des Engels übereinander und biegen Sie die Beinenden zu ca. 1 cm langen Füßen um. Den Engel in eine sitzende Position biegen und mit Heißkleber auf die Unterseite des Kiefernzapfens kleben. Abschließend noch einige Paillettensterne mit wenig Alleskleber auf den Zapfen kleben.

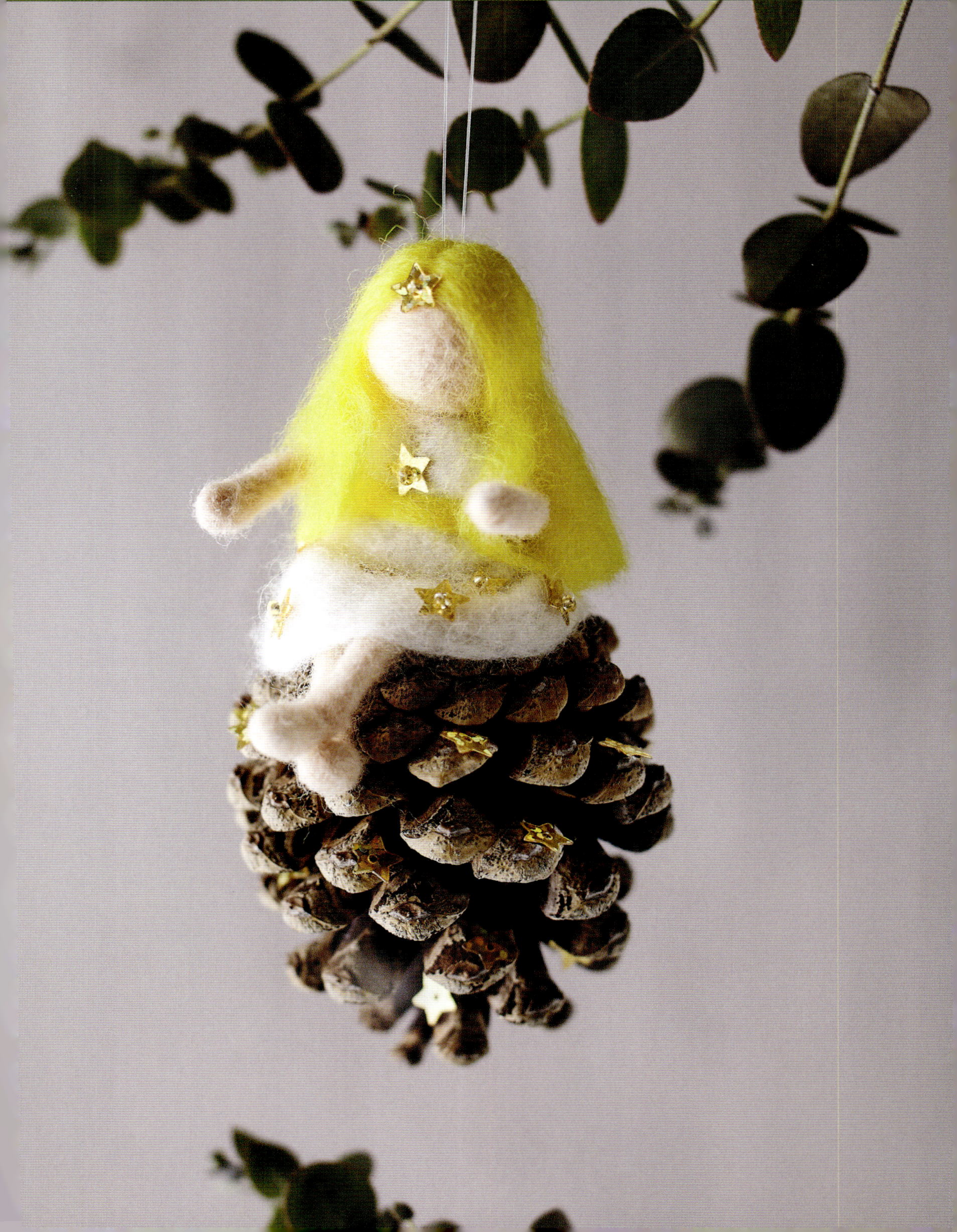

Schneemänner

mit Reisig

MODELLHÖHE
(ohne Reisig)

- kleiner Schneemann ca. 6 cm
- großer Schneemann ca. 7 cm

MATERIAL
FÜR EINEN KLEINEN SCHNEEMANN (A)

- Filzwolle in Weiß, ca. 2 g
- Filzwolle in Rot, ca. 0,8 g

FÜR EINEN GROSSEN SCHNEEMANN (B)

- Filzwolle in Weiß, ca. 3,5 g
- Filzwolle in Blau oder Grün, ca. 1,2 g

- Filzwollrest in Schwarz und Orange
- Holzscheiben in Natur, ø ca. 3 cm
- Birkenreisig
- Heißkleber

1 Filzen Sie für den Körper aus ca. 1,25 g (für den kleinen Schneemann = A) bzw. 1,8 g (für den großen Schneemann = B) weißer Filzwolle nach der Grundanleitung eine Kugel mit einem Durchmesser von ca. 2,5 cm (A) bzw. 3 cm (B).

2 Für den Kopf aus ca. 0,6 g (A) bzw. 1,1 g (B) weißer Filzwolle eine weitere Kugel mit einem Durchmesser von ca. 2 cm (A) bzw. 2,2 cm (B) arbeiten und auf den Körper nadeln.

3 Filzen Sie für die Mütze aus ca. 0,5 g roter (A) bzw. 0,7 g blauer oder grüner (B) Filzwolle zunächst eine Kugel und flachen Sie diese für die Mützenunterseite etwas ab. Die Oberseite etwas zuspitzen und die Mütze auf den Kopf nadeln. Aus ca. 0,15 g roter (A) bzw. 0,2 g blauer oder grüner (B) Filzwolle eine dünne Schnur filzen (siehe Grundanleitung) und diese als Rand an die Mütze nadeln.

4 Für den Schal aus ca. 0,15 g roter (A) bzw. 0,25 g blauer oder grüner (B) Filzwolle eine 5,5 cm (A) bzw. 10 cm (B) lange Schnur mit einem Durchmesser von ca. 5 mm arbeiten. Schlagen Sie die Enden etwas ein und nadeln Sie diese als Schal um den Hals des Schneemanns.

5 Formen Sie aus wenig schwarzer Filzwolle fünf ca. 3 mm große Kugeln und filzen Sie diese als Augen an den Kopf und als Knöpfe an den Körper. Für den Mund eine dünne, ca. 1,5 cm (A) bzw. 2 cm (B) lange Schnur aus schwarzer Filzwolle auffilzen (siehe Foto).

6 Rollen Sie für die Nase aus wenig Filzwolle in Orange eine ca. 4 mm (A) bzw. 5 mm (B) große Kugeln und filzen Sie daraus eine ca. 6 mm (A) bzw. 7 mm (B) lange Olive. Diese an einer Seite abflachen und als Nase annadeln.

7 Legen Sie für einen Arm etwas weiße Filzwolle zu einem 6 cm (A) bzw. 8 cm (B) langen Strang und verknoten diesen in der Mitte. Ein Strangende über den Knoten hinweg auf das zweite Strangende legen und dort annadeln. Die Strangenden offen lassen und aus dem Knoten eine kugelförmige Hand filzen. Einen zweiten Arm arbeiten und beide mit den offenen Strangenden an den Körper nadeln. Schieben Sie einen kleinen Reisigast unter die rechte Hand des Schneemanns und nadeln Sie diese um den Ast herum etwas an.

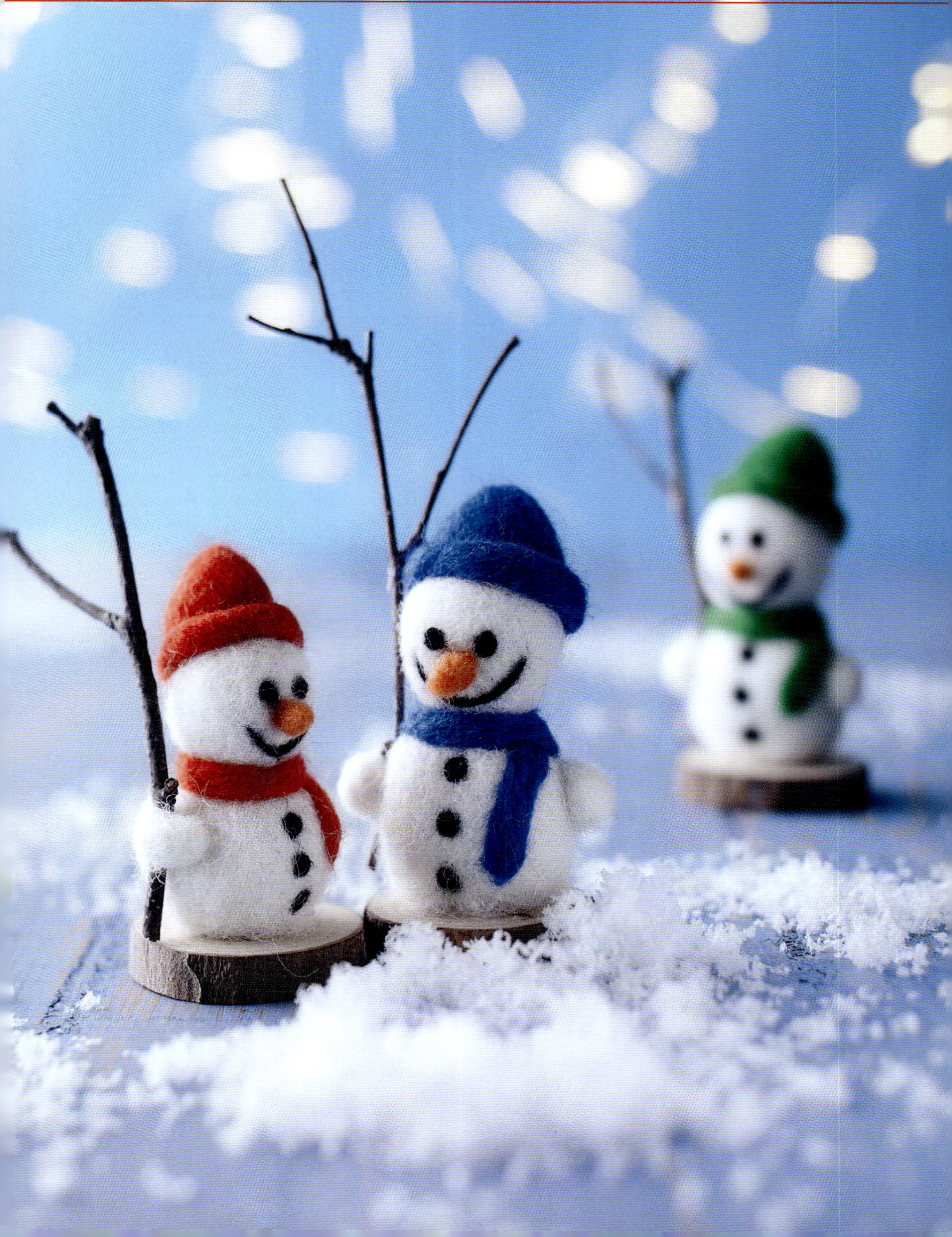

Kleine Pinguine

auf Stein-Eisscholle

MODELLHÖHE
ca. 2,8 cm

MATERIAL FÜR EINEN PINGUIN

- Filzwolle in Schwarz, ca. 1 g
- Filzwollrest in Weiß und Gelb
- Stein
- ggf. Alleskleber

VORLAGE

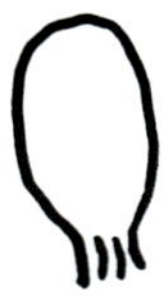

1 Legen Sie ca. 0,55 g Filzwolle in Schwarz zu einem Strang und verknoten Sie diesen in der Mitte (siehe Grundanleitung). Die Strangenden um den Knoten wickeln, bis die Kugel einen Durchmesser von ca. 2 cm aufweist. Filzen Sie nun eine Kugel mit einem Durchmesser von ca. 1,5 cm (siehe Grundanleitung) für den Körper des Pinguins.

2 In gleicher Weise ca. 0,35 g Filzwolle zu einer ca. 1,5 cm großen Kugel wickeln und daraus für den Kopf eine Kugel mit einem Durchmesser von ca. 1 cm arbeiten. Nadeln Sie den Kopf auf den Körper und flachen Sie den Körper an der Unterseite etwas ab.

3 Fertigen Sie nun für die Flügel nach der Grundanleitung eine Schablone aus Moosgummi. Die Schablone mit etwas schwarzer Filzwolle auslegen und einen Flügel arbeiten. Den in der Vorlage schraffierten Bereich zum späteren Anfilzen ungefilzt lassen. Einen zweiten Flügel filzen und beide Flügel an den Körper nadeln.

4 Rollen Sie für die Füße aus wenig gelber Wolle zwei ca. 6 mm große Kugeln und flachen Sie diese beidseitig etwas ab. Die Füße so an die Körperunterseite nadeln, dass sie etwas hervorstehen. Filzen Sie etwas weiße Wolle auf den Bauch und das Gesicht (siehe Foto).

5 Aus etwas gelber Wolle eine ca. 5 mm lange Olive arbeiten (siehe Grundanleitung) und diese als Schnabel anfilzen. Rollen Sie aus wenig schwarzer Wolle zwei ca. 2 mm große Kugeln und filzen Sie diese als Augen oberhalb des Schnabels in das weiße Gesichtsfeld.

6 Den Pinguin auf dem Stein positionieren und bei Bedarf mit etwas Alleskleber ankleben. Nach Belieben weitere Pinguine fertigen.

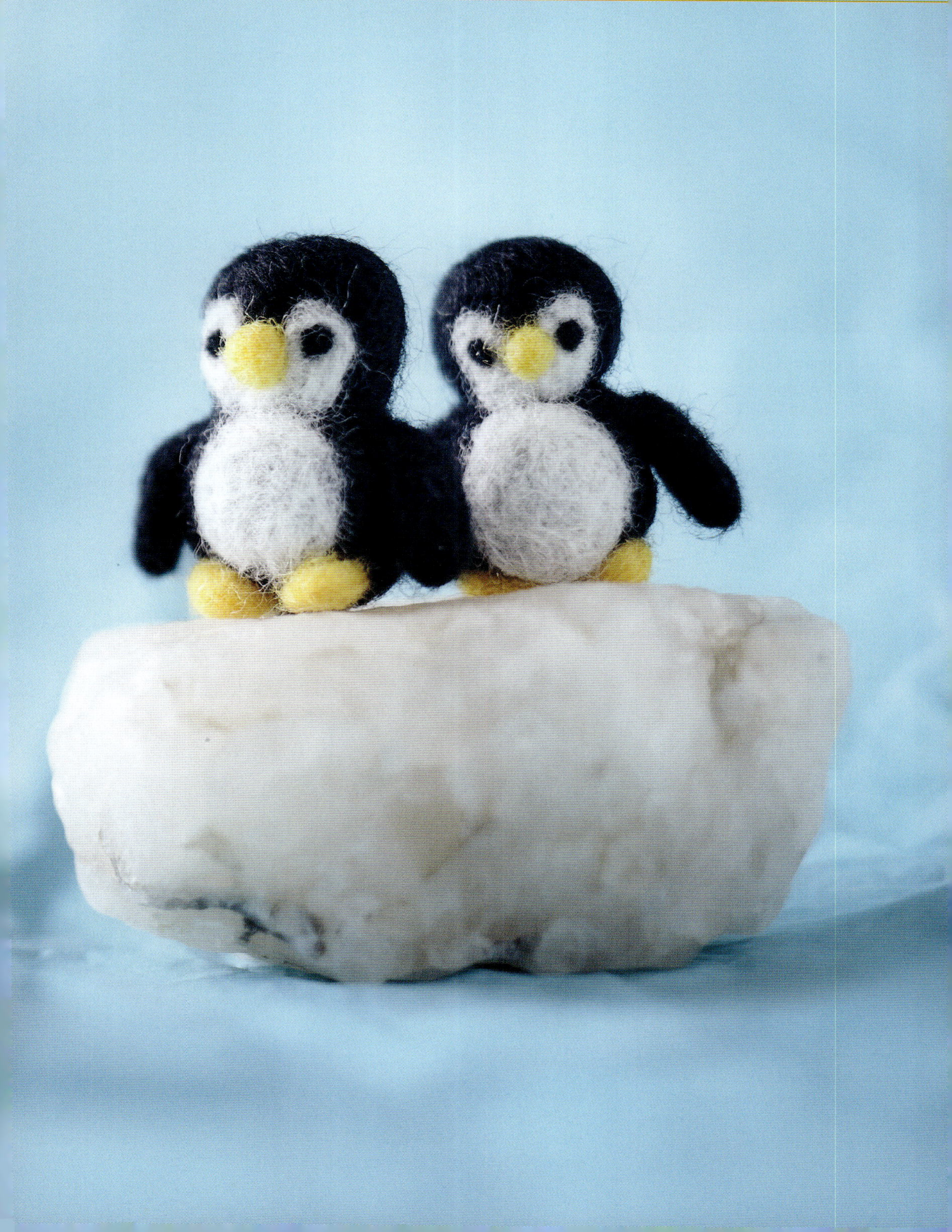

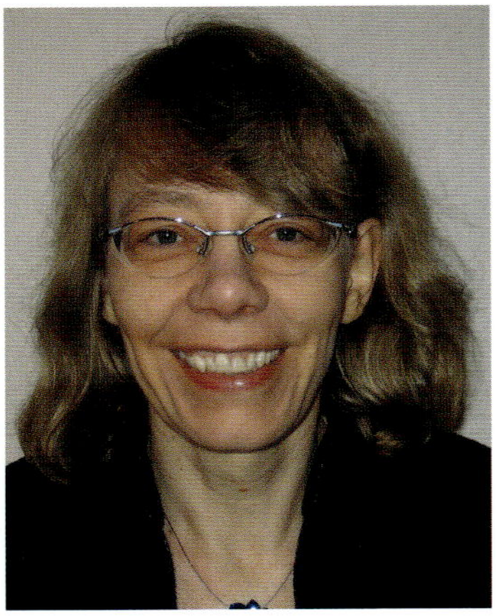

Lydia Klös ist in Hamm/Westfalen geboren und dort auf dem landwirtschaftlichen Betrieb der Eltern aufgewachsen. Seit ihrer Kindheit ist sie ein leidenschaftlicher Bastel- und Handarbeitsfan. Bereits als Jugendliche hat sie in Jugendgruppen und Jugendfreizeiten Bastelkurse gegeben und jede freie Minute zum Nähen und Stricken genutzt. Ihr Hobby sollte jedoch erst später zu ihrem Beruf werden. Durch ihre Kindheit auf dem Bauernhof geprägt, studierte Lydia Klös Biologie und arbeitete lange Zeit im internationalen Artenschutz. Einige Jahre führte sie neben ihrer Tätigkeit als Biologin einen kleinen Bastelladen und legte als einzige Deutsche die Prüfung zur CPD (Certified Professional Demonstrator) durch den Verband der amerikanischen Bastelindustrie ab. Heute lebt Lydia Klös mit ihrer Familie in Berlin und verbringt viel Zeit auf der Insel Amrum, wo sie sich in Ruhe ihren Buchprojekten widmet.

DANKE!

Ich danke den Firmen buttinette Textil-Versandhaus GmbH, Wertingen, efco creative GmbH, Rohrbach und Rayher Hobby GmbH, Laupheim für die Unterstützung bei diesem Buch und meiner Familie für die tatkräftige Hilfe beim Sammeln von Naturmaterial.

TOPP – Unsere Servicegarantie

WIR SIND FÜR SIE DA! Bei Fragen zu unserem umfangreichen Programm oder Anregungen freuen wir uns über Ihren Anruf oder Ihre Post. Loben Sie uns, aber scheuen Sie sich auch nicht, Ihre Kritik mitzuteilen – sie hilft uns, ständig besser zu werden.

Bei Fragen zu einzelnen Materialien oder Techniken wenden Sie sich bitte an unseren Kreativservice, Frau Erika Noll.
mail@kreativ-service.info
Telefon 0711 / 123 757 20

Das Produktmanagement erreichen Sie unter:
pm@frechverlag.de
oder:
frechverlag
Produktmanagement
Dieselstraße 5
70839 Gerlingen
Telefon 07 11 / 8 30 86 68

LERNEN SIE UNS BESSER KENNEN! Fragen Sie Ihren Hobbyfach- oder Buchhändler nach unserem kostenlosen Magazin **Meine kreative Welt**. Darin entdecken Sie zweimal im Jahr die neuesten Kreativtrends und interessantesten Buchneuheiten.

Oder besuchen Sie uns im Internet! Unter **www.topp-kreativ.de** können Sie sich über unser umfangreiches Buchprogramm informieren, unsere Autoren kennenlernen sowie aktuelle Highlights und neue Kreativtechniken entdecken, kurz – die ganze Welt der Kreativität.

Kreativ immer up to date sind Sie mit unserem monatlichen **Newsletter** mit den aktuellsten News aus dem frechverlag, Gratis-Bastelanleitungen und attraktiven Gewinnspielen.

IMPRESSUM

FOTOS: frechverlag GmbH, 70499 Stuttgart; lichtpunkt, Michael Ruder, Stuttgart; Lydia Klös (alle Arbeitsschrittfotos)
COVERGESTALTUNG: Eva Hook
PRODUKTMANAGEMENT UND LEKTORAT: Eva Schrecklinger
HERSTELLUNG: Jessica Siebert
GESTALTUNG: Fotosatz H. Buck
DRUCK: Tiskárna Grafico s.r.o., Tschechische Republik

MIX Paper | Supporting responsible forestry FSC® C187910

Penguin Random House Verlagsgruppe FSC® N001967

6. Auflage 2026

ISBN 978-3-7358-5027-0 • Best.-Nr. 25027